AF349731

SUR

LE LANGAGE ACTUEL DE PARIS.

ESSAI LINGUISTIQUE

PAR

LOUIS BOTZON,

DOCTEUR ÈS LETTRES.

(EXTRAIT DU PROGRAMME PASCAL DU COLLÉGE-FRÉDÉRIC DE FRANCFORT SUR ODER.)

FRANCFORT SUR ODER.

LIBRAIRIE DE G. HARNECKER,

1873.

SUR LE LANGAGE ACTUEL DE PARIS.

ESSAI LINGUISTIQUE

PAR

LOUIS BOTZON,

DOCTEUR ÈS-LETTRES.

Avant-propos.

Pour tous ceux qui voguent à voiles et à rames dans l'océan infini des langues, qui se sont adonnés de grand coeur à l'étude de la linguistique, il n'y a rien de plus intéressant, ce me semble, que, le plomb scientifique à la main, de sonder des parages jusque-là inexplorés, où ils puissent pêcher des objets inconnus et d'une valeur inestimable, ou de décrire au moins plus exactement la topographie défectueuse de parages déjà sillonnés. Quiconque est linguiste n'ignore pas combien il est difficile de trouver un parage quelconque non sondé, car, principalement depuis la naissance de la philologie comparée, des pilotes hauturiers et polyglottes ont parcouru les deux hémisphères, et nous ont fait connaître de fond en comble tantôt les langues des nations civilisées, tantôt les idiomes des sauvages. Or, celui qui, retenu dans un petit coin de terre par la nécessité dure et indispensable, ne peut promener en toutes mers son amour et son zèle pour la linguistique, doit se contenter du chétif rôle de pilote côtier qui effleure les rivages des langues déjà scrutées, doit s'estimer heureux de ne pas voir son frêle esquif se briser contre les récifs de critiques pointilleuses. Voilà le cas dont il s'agit pour moi, qui ai l'intention d'aborder une disquisition linguistique concernant la langue française, qui, au dire chauvin, mais contestable de M. A. de Balathier-Bragelonne, est toujours la reine des langues.[1)]

Parmi toutes les langues modernes il n'y a presque aucune qui, dans le courant des siècles, ait subi des remaniements plus profonds, des transformations plus ou moins heureuses que la langue française. Ce fait est incontestable, et tous les linguistes en sont convenus d'un commun accord. Quantité de philologues et surtout de philologues français ont détaillé dans des ouvrages de mérite toutes les phases de la formation de cette langue. Tout en renvoyant nos lecteurs aux

[1)] Article La Cueillette, dans la Petite Presse Nr. 1105 du 28 avril 1869.

1

livres qui ont traité expressément la dite matière, ²) nous nous dispenserons d'en parler, pour aller directement à notre but. Et ce but, c'est la caractéristique du langage actuel de Paris.

Voilà un sujet en apparence hérissé de difficultés et fort délicat à traiter, si l'on veut ajouter foi à ces paroles de Mlle. Thérésa de l'Alcazar³): „Le parisien est une langue à part, une langue de convention qui ne passe pas les fortifications.“ Mais, n'en déplaise à la fameuse chansonnière et cancanière, son assertion est, sinon fausse, au moins un peu hasardée comme ses chansons grivoises et ses gambades décolletées. Car, grâce aux Français eux-mêmes, tous ceux qui, initiés dans les premiers éléments de la langue française, ne se contentent pas de savoir ce qui doit se dire, mais qui s'intéressent à apprendre ce qui s'écrit et ce qui se dit, peuvent, sans franchir les limites de la belle France, abrités au coin de leur feu, à l'aide d'une lecture continuelle et attentive, glaner toutes les phrases qui s'écrivent, même celles qui se disent en France, peuvent, par la comparaison des choses et des faits, s'en former un jugement et le rendre d'une manière plus équitable, plus impartiale que les vaniteux créateurs de ces phrases eux-mêmes ne seraient capables de le rendre. C'est ce que nous tâcherons de démontrer dans les lignes suivantes, après avoir jeté un coup d'oeil sur la langue française du dix-neuvième siècle en général.

S'il est vrai que ce soient les idées qui sont les vraies et souveraines faiseuses des langues (et qui pourrait en douter!) c'était de toute nécessité qu'au dix-neuvième siècle un changement se fît dans la langue française à la suite d'un changement, qui s'était opéré dans les idées. Les événements politiques en France depuis l'aurore radieuse du premier empire jusqu'à la sombre éclipse du second empire, principalement les nouvelles découvertes que les sciences firent dans tous les domaines de la vie sociale, les études, les voyages, toutes ces trois conquêtes pacifiques et fécondes, enfantèrent incessamment de nouvelles idées. Ces idées, poussées par la nécessité et se ramifiant dans chaque art, chaque science, chaque profession et leur donnant, pour ainsi dire, un dictionnaire technique et indispensable, ne tardèrent pas à créer une langue bien différente de celle des siècles précédents. De là, depuis le commencement du siècle courant jusqu'à ce jour d'hui, la prodigieuse création de néologismes. En vain MM. les Quarante immortels, cet autre genus irritabile vatum d'Horace, essayèrent-ils de s'opposer en prose et en vers à ces intrus; en vain M. Villemain, secrétaire perpétuel de l'Académie, dans la lice de la préface du nouveau dictionnaire, ⁴) jouta-t-il

---

²) Nous nous bornons à ne citer dans cette nomenclature que les ouvrages français du siècle présent, savoir ceux du mérite desquels la critique a décidé:

Victor Hugo, Littérature et philosophie mêlées (1834) p. 10—15. Edition s. d. Paris chez Duriez et Cie.

Gabr. Peignot, Essai analytique sur la langue française etc., Dijon 1835.

J.-J. Ampère, Sur la formation de la langue française. Paris 1841.

F. Génin, Des variations du langage français depuis le XIIe siècle. Paris 1845.

Francis Wey, Histoire des révolutions du langage en France. Paris 1848.

Edélestand du Méril, Essai phisosophique sur la formation de la langue française. Paris 1852.

Ern. Bouvier, Des perfectionnements que reçut la langue française au XVIIe siècle. Bruxelles 1853.

A. de Chevallet, Origine et formation de la langue française. Paris 1853—1857.

E. Littré, Histoire de la langue française. Paris 1863.

M. Pellissier, La langue française depuis son origine jusqu'à nos jours. Tableau historique de sa formation et de ses progrès. Paris 1866.

³) Mémoires de Thérésa de l'Alcazar, écrits par elle-même. Chap. 16, p. 230, 5e édition. Paris 1865; Dentu.

⁴) Villemain, Considérations sur la langue française, servant de préface à la dernière édition du Dictionnaire de l'Académie. Paris 1835.

en vaillant champion pour la langue de Pascal, de Montesquieu, de Corneille et de Racine; en vain M. Viennet, cet autre Orphée, par les sons de sa lyre plaintive, chercha-t-il à exciter du Tartare les mânes de Boileau. [5]) Non-seulement ils furent attaqués et bafoués par la critique, [6]) mais encore ils essuyèrent le chagrin de voir quelques membres de l'Académie, et parmi eux les plus grands prosateurs, les principaux poètes du siècle présent, déserter avec armes et bagage les drapeaux bénits en 1635 par son Eminence le Cardinal Richelieu. Les néologismes, patronnés par les Chateaubriand, les Victor Hugo, les Balzac, [7]) empiétèrent sur le terrain du français classique, trouvèrent des défenseurs de bon aloi, [8]) tombèrent dans le domaine publique et furent bientôt naturalisés. Mais, empressés de garder leurs conquêtes, ils finirent par tomber dans la faute si commune parmi les conquérants, ils s'enorgueillirent et ils dégénérèrent. Sans se souvenir de leur naissance, occasionnée par le besoin impérieux de pourvoir à l'insuffisance du vocabulaire traditionnel et usuel pour exprimer des idées nouvelles, il leur prit envie de se signaler à tout prix, ce qui ne tarda pas à amener une dégénération déplorable. Les néologismes, à leur naissance légitimes et rationnels, finirent par devenir illégitimes et irrationnels. Au lieu de remonter aux anciens idiomes de la France et de chercher à les utiliser, et, au dire d'un expert, [9]) ils auraient pu en tirer beaucoup de profit, au lieu de rajeunir des archaïsmes injustement tombés en désuétude, enfin au lieu de créer des mots conformément aux règles primitives de la langue française, [10]) les néologues eurent recours de préférence

---

[5]) Epître à Despreaux. J'ai fait la connaissance de cette épître par la lecture d'un journal français, publié à Stuttgart 1855, et intitulé Le Semeur, dans lequel elle se trouve sur les pages 426 et suiv. du No. 72 du 13 octobre. Le grand orateur doctrinaire, poëte et romancier, en déclamant contre les néologismes, manqua de logique, car il s'est rendu lui-même coupable de néologismes. Dans son poëme de 224 vers, il s'est servi trois fois de mots inconnus à Pascal, Corneille et Molière, à savoir des mots: entrain, shérif, gaz.

[6]) De tous ces critiques qui ont combattu les Académiciens à cause de leur obstination à repousser des néologismes je ne vais citer que trois et des critiques français, que je viens à avoir sous main. Ce sont: G. Planche De la langue française (1836). Article réimprimé dans ses Portraits littéraires, T. II. p. 367—392. 3e édition, Paris 1853; A. Peschier Cours de littérature française. Stouttgart 1839, p. 72; F. Génin Récréations philologiques, Paris 1856. T. I. p. XVII. et suiv., p. 223.

[7]) Jules Lecomte, ce feuilletoniste par excellence, dit dans L'Indépendance Belge Nr. 200, 201 du 18, 19 juillet 1852: „Il manque une foule de mots à la langue française; aussi est-il impossible d'écrire beaucoup et sur des matières diverses sans en inventer un certain nombre, qui passent pour la plupart, mais dont pourtant quelques-uns restent. Chateaubriand est parmi les modernes celui qui en a le plus inventé. Balzac en a ressuscité. Lamartine en a modifié. Cormenin en a forgé. Victor Hugo en a approprié. Beaucoup d'écrivains surtout parmi les inventeurs de système sociaux en ont détourné un grand nombre. D'autres ont pris des mots à leur convenance dans les langues étrangères.“

[8]) Ecoutez un pour mille! Charles Nodier dans son Dictionnaire raisonné des onomatopées françaises, IIe édition, Paris 1828 (Delangle frères) dit à la page 32: „Qu'on me permette d'ajouter que, si la manie du néologisme est extrêmement déplorable pour les lettres et tend insensiblement à dénaturer les idiomes dans lesquels elle se glisse, il n'en serait pas moins injuste de repousser sous ce prétexte un grand nombre de ces expressions vives, caractéristiques, indispensables, dont le génie fait de temps en temps présent aux langues. Il n'appartient à personne d'arrêter irrévocablement les limites d'une langue et de marquer le point où il devient impossible de rien ajouter à ses richesses.“

[9]) Voyez Pierquin de Gembloux Histoire littéraire, philologique et bibliographique des Patois et de l'utilité de leur étude. Nouvelle édition. Paris 1858. Préface p. VI, XV, 69.

[10]) Je ne puis m'empêcher de ne pas passer sous silence un livre singulier de M. Richard de Radonvilliers: „Enrichissement de la langue française. Dictionnaire de mots nouveaux. IIe édition, Paris

aux langues étrangères, dans lesquelles ils puisèrent à coeur joie. Des mots empruntés bien rarement par nécessité, plus souvent par la mode aux langues étrangères non-seulement de l'Europe, mais de l'Asie et de l'Afrique[11]) furent francisés et fourrés dans le dictionnaire usuel. Ainsi il s'est formé en France un étrange amalgame de langues, et on ne pousse pas le raisonnement trop loin en prétendant que, dès le commencement de ce siècle, la langue française, le plus clair et le plus précis de tous les idiomes européens, est allée en décadence, que les plaintes qu'ont formées contre cette dépravation quelques auteurs français même[12]) ne sont pas exagérées et bien fondées. Or, le signal de cette détérioration est donné par la capitale de la France elle-même, ce Paris, foyer de lumière, centre de l'esprit, des coeurs et des âmes, cerveau de la pensée universelle (style Victor Hugo!)[13]). Paris, qui en toutes choses exerce une influence peu salutaire sur le reste de la France,[14]) s'est créé de nos jours une langue spéciale, qui, à l'instar de ses femmes, richement attifée d'un luxe sardanapalesque et de bas aloi, emprunté aux magazins des langues du monde entier, par sa face fringante et pimpante, vous agace, vous émoustille, vous galvanise peut-être de prime abord, mais qui, après avoir été bien connue, ne tardera pas à vous écoeurer. Un étranger, ou même un provincial français, sachant tous les deux parler parfaitement la langue de

---

1845." Ce lexicographe, en innovateur dans ce genre, a créé une quantité innombrable de mots nouveaux, en donnant aux verbes existants l'adjectif de deux genres, le substantif d'action et l'adverbe dont plusieurs manquent, mais il avoue lui-même que sans doute quelques-uns de ces mots paraîtront d'abord durs, d'une prononciation peut-être difficile, et que l'habitude ne contribuera pas peu à produire cet effet. S'il vous prend envie d'employer de ces créations de M. Radonvilliers, prenez garde que vous n'endommagiez d'une manière incurable vos langues et vos palais par la prononciation de mots tels que désinaliénabilisable, ininternationalisable et d'autres monstruosités linguistiques dont fourmille l'ouvrage de M. Radonvilliers.

[11]) Voyez A.-P. Pihan Dictionnaire étymologique des mots de la langue française dérivés de l'arabe, du persan ou du turc avec leurs analogues grecs, latins, espagnols, portugáis et italiens. Paris 1866.

[12]) G. Planche dans le livre cité dans la 6e note de cet essai, M. Pellissier aux pages 321 et suiv. de son livre cité dans la 2e note.

[13]) Voyez son discours de rentrée à Paris, publié dans La guerre de 1870. Esprit parisien, produit du régime impérial. Par Emile Leclercq, p. 182, 7e édition. Bruxelles 1871. Pour renseignement plus précis sur le cerveau du monde lisez le premier chapitre de Littérature française pendant la guerre de 1870—1871. Par un Berlinois (A. Borchardt). Berlin 1871 p. 1—7.

[14]) Il est de grand intérêt à rencontrer parmi les autres écrivains français modernes dont Paris est toujours l'alpha et l'oméga, qui préconisent la capitale et déprécient les provinces, un auteur qui proteste contre la prépondérance de Paris. C'est M. Auguste Avril qui dans son livre Saltimbanques et Marionnettes, Paris 1867, p. IV. de l'introduction dit: „L'atmosphère intellectuelle s'est retirée tout entière sur Paris; les provinces, soumises à l'action d'une machine pneumatique, ont laissé faire le vide autour d'elles. Notre air s'est raréfié: Paris est devenu riche de tout ce dont les provinces se sont appauvries. Nous sommes en présence d'un mal certain, d'une perturbation évidente dans l'économie nationale. La France ressemble à ces enfants qui arrivent au monde avec un corps grêle et une tête énorme. Le cerveau a tout absorbé chez ces individus monstrueux. Ils sont adultes avant l'âge, mais ils périssent avant l'heure. Notre pays est menacé d'une congestion cérébrale. Paris devient une ville chinoise et le reste de la France se transforme en un vaste mandarinat. J'ai voulu protester contre cet état de choses. Ce livre est surtout une protestation contre Paris. On a si souvent accusé les provinciaux d'être de simples crétins, que j'ai senti l'esprit de révolte gronder en moi." Quelle distance entre ces paroles et celles de Victor Hugo citées auparavant! Outre cela le même auteur nous donne quelques remarques judicieuses sur la langue française, voyez les pages 19 et 256, qui ne manquent pas de justesse.

Marie de Sévigné ou de l'Aigle de Meaux, mais ignorant tous les deux le parisien d'aujourd'hui, ne comprendraient pas un mot des dialogues qu'ils entendraient étant assis dans leurs stalles d'un théâtre quelconque, même du Théâtre-Français, ou flânant sur les boulevards, ou reçus en hommes relationnés dans un salon soit de la haute-volée, soit de simples bourgeois. Voilà une vérité palpable et reconnue des Français et des Parisiens eux-mêmes.[15]) La preuve en est que deux écrivains français se sont imposé la tâche d'initier non-seulement les habitants des provinces éloignées de Paris, mais encore les autres nations de l'Europe dans le dédale inextricable du langage parisien d'aujourd'hui. Ces écrivains sont M. Lorédan Larchey dans son livre intitulé Les excentricités du langage, 5e édition, Paris 1865[16]) et M. Alfred Delvau dans son Dictionnaire de la langue verte. 2e édition, Paris 1867. Ce sont eux qui me serviront de fanaux pour éclaircir le sombre labyrinthe du langage actuel de Paris, que je n'hésite point à nommer le pur argot, assertion dont j'espère prouver la vérité par les chapitres suivants.

---

[15]) Gérard de Nerval La Bohême galante, p. 191 de l'édition Michel Lévy, Paris 1857, dit: „Le français de M. Scribe, celui de la Montansier, celui des estaminets, celui des lorettes, des concierges, des réunions bourgeoises, des salons commence à s'éloigner des traditions du grand siècle. La langue de Corneille et de Bossuet devient peu à peu du sanscrit (langue savante). Le règne du prâcrit (langue vulgaire) commence pour nous.“ Plus énergiquement encore M. Alfred Delvau dans la préface de la seconde édition de son Dictionnaire de la langue verte dit à la page XXe: „La langue moderne n'est pas faite d'autre chose que de patois étrangers ou autochthones. Parlons-nous grec ou latin, anglais ou suédois, allemand ou italien, celte ou thibétain? Sommes-nous une langue mère ou une langue fille? Hélas! le français contemporain est une langue fille, très-fille même — si fille que les austères grammairiens de Port-Royal se refuseraient aujourd'hui à la comprendre, et surtout, la comprissent-ils, à la parler. C'est une sorte de langue de Corinthe où sont venues se fondre et s'amalgamer une foule d'autres langues plus ou moins précieuses, du Nord et du Midi, d'oc et d'oïl, d'Orient et d'Occident, or et cuivre, fer et argent, — avec beaucoup de scories à la surface.“

[16]) Pour l'utilité de ce livre il me plaît de prendre à témoin deux Parisiens, MM. Jules Lecomte et Charles Monselet, dont le premier dit au feuilleton du Monde illustré, Paris 1859 Nr. 139 p. 370: „Le petit livre des Excentricités de la langue française que M. Lorédan Larchey a primitivement publié dans la Revue anecdotique, est un piquant répertoire, où viennent se ranger les néologismes inventés chaque jour par toutes les classes qui forment l'échelle sociale, néologismes auxquels un très grand nombre d'écrivains modernes ont donné droit d'asile dans la littérature pittoresque. Ce petit livre fait indispensablement partie de la bibliothèque moderne.“ Ch. Monselet, en parlant sur la représentation du Ver rongeur, pièce en trois actes par MM. Jules Moinaux et Henri Bocage, représentée pour la première fois à Paris sur le Théâtre des Variétés le 30 mars 1870, dit dans le Monde illustré du 9 avril 1870 Nr. 678 p. 235: „Pour comprendre ce titre, les habitants de nos provinces éloignées devront ouvrir le volume de M. Lorédan Larchey: Les excentricités du langage, cet indispensable dictionnaire de l'argot parisien. “

Dites donc, monsieur Claude, vous devriez bien m'apprendre cette langue que vous parliez tout à l'heure. Est-ce une langue morte?

L'Argot, une langue morte? ah! par exemple, non! ... non, non, l'argot ne mourra jamais.

Aurélien Scholl: Claude le borgne, Chap. IX. pag. 104.
(Paris 1859, Librairie nouvelle).

Champrosé:
Qu'est-ce qu'on peut lui reprocher à cette enfant? — Ses toilettes? ... j'ai de quoi les payer! — Leur excentricité? ... c'est la mode! ... Il n'y a vraiment que l'argot.
Clotilde.
Et c'est le français de l'avenir.
Victorien Sardou: La famille Benoîton. Acte IIe, scène Ve, pag. 69.
(27e édition. Paris 1869. Michel Lévy frères).

Chapitre I.

Sur l'origine, sur l'étymologie, et sur le sens du mot argot.

L'origine du mot argot, que nous venons d'employer pour caractériser le langage actuel de Paris, et que nous venons de mettre deux fois au frontispice de ce chapitre, remonte jusqu'au dix-septième siècle. Ecoutons sur ce sujet d'abord M. E. Littré: „Argot", dit-il, [17] „qui ne figure dans le Dictionnaire de l'Académie qu'à partir de 1740, paraît être né vers le commencement du XVIIe siècle. S'il avoit bien seut nostre argot, Vers du XVIIe siècle, cité par Fr. Michel, Introduction, p. VI, Le jargon ou langage de l'argot reformé imprimé en 1634." Pour garants de son article M. Littré a cité en première ligne M. Fr. Michel. Mais, si l'on s'en prend à ce témoin allégué, on n'en tire aucun éclaircissement rassurant. Car M. Michel, pour réfuter une opinion de Victor Cousin, se sert de ces paroles: [18] „Argot, selon M. Cousin, dut avoir le même sens qu'argutie. Pour ce mot, au XVIIe siècle, on disait argoterie, d'où ergoterie. L'exemple suivant, emprunté à une pièce de cette époque, semble donner un démenti à l'illustre philosophe:

S'il avoit bien seut nostre argot . . .
Il eust baisé la mere encore, etc.
(Ms. de mon cabinet, fol. 119 recto)."

Puisque M. Michel s'est passé de détailler tant le manuscrit que le contenu de la pièce, son témoignage, sauf son honneur d'auteur véridique, ne nous semble pas être d'une grande importance, et certes, il ne prouve guère que le mot argot soit né vers le commencement du XVIIe siècle. Le second témoignage que M. Littré invoque pour l'origine du mot argot est d'une plus grande valeur, car, étant imprimé, il est palpable et à la portée de tout le monde. L'ouvrage auquel s'en

---

[17] Dans son Dictionnaire de la langue française. Tome I. p. 192. Article Argot.

[18] Etudes de philologie comparée sur l'argot et sur les idiomes analogues, parlés en Europe et en Asie. Par Francisque Michel. Paris 1856. Introduction p. VI.

rapporte le grand lexicographe est intitulé: „Le Jargon ou langage de l'argot reformé, tiré et recueilly des plus fameux argotiers de ce temps, composé par un pillier de boutanche qui maquille en molanche en la vergne de Tours; augmenté de nouveau dans le dictionnaire des mots plus substantifs de l'arget, outre la précédente impression par l'autheur Lyon, Nicolas Gay, 1634, in 12°, de 60 pages.“ D'après les derniers mots de ce titre il faut qu'il y ait été une édition d'une date antérieure à celle de l'an 1634, édition dont singulièrement ni M. Charles Nisard, [19]) ni M. Francisque Michel ne font mention, et dont nous n'avons trouvé aucun vestige dans les catalogues bibliographiques. Il y a, certes, une pièce intitulée: „Responce et Complaincte au grand Coesre sur le Jargon de l'argot reformé, avec un plaisant Dialogue de deux Mions, par le Regnaudin Mollancheur, en la vergne de Miséricorde, composé par un des plus chenastres argotiers de ce temps. A Paris, chez Jean Martin, sur le pont Sainct-Michel, à l'Ancre double, près le chateau Sainct-Ange. 1630.“ Ce livre, que nous connaissons seulement par la citation de M. Francisque Michel, et sur le sujet duquel nous renvoyons nos lecteurs au dit savant, [20]) contient ce passage remarquable qui nous donne à la fois en quelque sorte une étymologie du mot argot: „Selon l'opinion des plus fameux historiographes de l'argot, elle (la monarchie argotique) avait attrimé son commencement à la destruction de Troye la Grande, par une quantité de pauvres qui ambirent hors de la vergne, quand elle fut attrimée; puis elle fut gourdement augmentée du temps d'Attila, dasbuche des Goths; car il y eut de ces narquois qui, ennuyez de la grive, se prindrent à trucher, ballader, et faire jouer la mine, et autres subtilitez que l'on nomma l'art des Goths, d'où est venu le nom des argotiers.“ [21]) Suivant cette Responce et Complaincte on pourrait fixer la naissance du mot argot au moins à l'an de grâce 1630. Mais malgré les innombrables réimpressions ou rééditions du Jargon ou langage de l'argot reformé, [22]) il ne paraît pas que le néologisme de l'an 1630 ait bientôt pris racine dans la langue

[19]) M. Charles Nisard dans son Histoire des livres populaires ou de la littérature du colportage depuis le XVe siècle jusqu'à l'établissement de la Commission d'examen des livres du colportage (30 novembre 1852), Paris, librairie d'Amyot MDCCCLIV, sans mentionner la dite Responce et Complaincte, parle des livrets en argot, chap. XII. tom. II. pag. 378—406. Il reproduit en entier la nomenclature des deux catégories dont se compose le personnel des argotiers et le dictionnaire du Jargon. Peut-être M. Nisard) dans la seconde édition de son livre, revue, corrigée avec soin et considérablement augmentée, parue à Paris chez E. Dentu, laquelle édition je ne connais que par les bulletins bibliographiques, a-t-il parlé de la Responce et Complaincte en question!

[20]) Voyez son livre cité dans la 18e note, Introduction, p. XIII Selon M. Michel le livre susmentionné n'est autre chose qu'une plainte de ce que le gergon, dont la connaissance s'était longtemps dérobée aux profanes, se fût répandu parmi le peuple par la publication de deux ouvrages différents de titre, mais d'une matière égale, et parus d'un à Lyon en 1596 et l'autre à Paris en 1622.

[21]) Pour tous ceux qui ne rouscaillent bigorne, ni ne jaspinent arguche, ni ne dévident le jar, c'est-à-dire qui ne parlent pas argot, voici une transcription de ces paroles en français moderne: „Elle avait pris son commencement à la destruction de Troie la Grande, par une quantité de pauvres qui fuirent hors de la ville, quand elle fut prise, puis elle fut beaucoup augmentée du temps d'Attila, rdi des Goths. Car il y eut de ces soldats, qui ennuyés de la guerre, se prirent à mendier, das ser etc.

[22]) Les plus recherchées de ces éditions ont paru à Troyes en 1660 et à Paris en 1680. Voyez Charles Nisard p. 380 et suiv. de son livre cité dans la note 19 et Francisque Michel, Introduction p. XLVII de son livre cité dans la note 18.

française. Car Palaprat, ce collaborateur de David-Augustin Brueys, à la représentation de sa comédie des Empiriques en 1698, après avoir dit, dans sa préface,[23] à propos de la langue provençale: „Je me garderai bien de me donner le ridicule de prôner au milieu de Paris les charmes d'un langage qu'on traite d'un jargon aussi méprisable que l'argot" (sic!), se croit obligé d'ajouter en note sur ce dernier mot: Jargon des gueux. Depuis ce temps-là le mot argot semble s'être faufilé peu à peu dans la langue française et n'avoir pas tardé à devenir de plus en plus connu. Il y a tout lieu de présumer que la publication du fameux poëme de M. Grandval le père: „Le vice puni, ou Cartouche" a essentiellement contribué à le mettre en vogue. Dans ce poëme, glorification du fameux voleur Louis-Dominique Cartouche paru dès l'an 1725 (c'est du moins la première édition que nous en connaissions), réimprimée et rééditée trois fois déjà dans l'année suivante, et depuis ce temps jusqu'à nos jours quantité de fois,[24] son héros Cartouche, pour célébrer par des sonnets et des chansons Lisette, l'une de ses amies, veut employer le plus sublime argot.

Quant à l'étymologie du mot argot, on pourrait dire, autant d'hommes, autant de sentiments, ou répondre avec Horace:

Grammatici certant, et adhuc sub iudice lis est.

(Epître 3, livre II., vers 78.)

Et en effet, la recherche de cette étymologie est des plus scabreuses, et, quoique tentée par beaucoup de savants, elle est restée vaine et infructueuse. Moins hasardeux que ces savants, et sachant bien qu'en fait d'étymologie on doit se défier de ses appréciations personnelles, et que les plus grands linguistes ont quelquefois tombé dans des erreurs grossières, nous nous bornerons à citer les différentes explications étymologiques qu'a souffertes le mot argot. En religieux observateur du vieux proverbe A tout seigneur tout honneur, nous allons donner audience en première ligne à ceux qui regardent l'antiquité la plus reculée comme le berceau de ce mot. Ne vous en déplaise, MM. les Hellénolâtres, (qu'on nous permette d'inventer un mot nouveau pour une chose déjà très vieille) d'être introduits

Dans ce charmant Réduit qu'on nomme la Courtille,

dans la société de quelques chenapans malfamés et nauséabonds. Ecoutez attentivement, car Cartouche lui-même demande la parole, et la chose n'est pas dénuée d'intérêt. Attablé dans une guinguette au bord d'une onde pure et sablant des rasades de Champagne non frappé,

Que ces Gazons sont verds! Que la Guinguette est belle,
Dit Cartouche à Lisette, en la mangeant des yeux!
Votre aspect, ma Déesse, embellit seul ces lieux . . .
Je veux sur votre Nom faire des Anagrammes,
Des Sonnets, des Chansons, des . . . Je veux en un mot
Employer comme il faut le plus sublime Argot.
Je me surpasserai. Que vous serez contente,
Vous qui parlez si bien cette Langue charmante!

---

[23] Voyez les Oeuvres de M. Palaprat, nouvelle édition etc. Paris, Pierre Ribou, MDCCXII. tom. II. pag. 74.

[24] Voyez Fr. Michel, Introduction p. XLIX. du livre cité dans la note 18. Quant aux autres livres qui ont popularisé les exploits du brigand Cartouche, voyez leur description dans le livre de M. Nisard (cité dans la note 19) chap. VIII. tom. I. p. 527 et suiv.

Mais à propos d'Argot, dit alors Limosin,
Ne m'apprendrez vous pas, vous qui parlez Latin,
D'où cette belle Langue a pris son origine?
De la Ville d'Argos (et je l'ai lû dans Pline)
Répondit Balagny. Le grand Agamemnon
Fit fleurir dans Argos cet éloquent Jargon.
Comme sa Cour alors étoit des plus brillantes,
Les Dames de son temps s'y rendirent savantes.
Electre le parloit, dit-on, divinement,
Iphigénie aussi l'entravoit gourdement. [25]
Jusqu'aux Champs Phrygiens les Grecs le transportèrent,
Tous les Chefs en Argot leurs Soldats haranguèrent,
Connoissant quelle étoit sa force et sa vertu,
Pour pouvoir relever un courage abattu.
J'ai vû, s'il m'en souvient, dans Ovide ou Virgile,
Que lorsqu'on disputa pour les Armes d'Achile;
L'Eloquent Roi d'Itaque en eût été le sot,
S'il n'eût pas sçu charmer ses Juges en Argot.
Tu dis vrai, Balagny, reprit alors Cartouche;
Mais cette Langue sort d'une plus vieille Souche,
Et j'ai lû quelque part dans un certain Bouquin
D'Argot traduit en Grec, de Grec mis en Latin,
Et depuis en François, que Jason et Thésée,
Hercule, Philoctete, Admette, Hilas, Lincée,
Castor, Pollux, Orphée, et tant d'autres Héros
Qui trimérent Pincer [26] la Toison à Colcos,
Dans le Navire Argo pendant leur long Voyage;
Inventèrent entr'eux ce sublime langage,
Afin de mieux tromper le Roi Colchidien,
Et que de leurs Projets il ne soupçonnât rien.
Après que la Toison par eux fut embandée, [27]
Jason à son retour l'aprit à sa Médée,
Qui depuis s'en servit dans ses Enchantemens.
Hercule en ses Travaux, l'employa fort long-tems,
Thésée dans ses Exploits, Orphée en sa Musique,
Avec utilité le mirent en pratique.
Enfin, tous les Doubleurs [28] de la riche Toison:
De leur Navire Argo lui donnérent le nom:
Amis, voilà quelle est son Etymologie.

(Le vice puni, ou Cartouche, poême. Par M. Grandval le père.
Nouvelle édition. A Anvers 1760. Chant X. pag. 74 et suiv.)

---

[25] Termes d'argot qui veulent dire le savait bien.
[26] Termes d'argot signifiant marchèrent voler.
[27] Terme d'argot qui veut dire prise de force.
[28] Terme d'argot signifiant voleurs.

Cette étymologie facétieuse, qui fait venir argot de la ville d'Argos ou du navire Argo est une invention bouffonne de l'auteur de Cartouche, elle ne se fonde pas sur l'autorité de Messire Antoine Furetière, quoi qu'en dise M. Vergy, l'un des commentateurs de Ménage, qui a sans aucun doute mal compris un passage de M. Le Duchat, lequel nous citerons bientôt. Pour l'origine grecque du mot argot Grandval a déjà eu un prédécesseur en la personne de M. Pierre Richelet, qui le premier, à ce que nous savons, a mis ce mot en rapport avec le grec, en disant „Il peut venir du Grec où il signifie sans travail, sans ouvrage.“[29] Mais cette étymologie grecque ne tarda pas à être déplacée par une vraiment française. D'après Le Duchat, dans sa note 14, sur le livre II. chapitre XI. de Rabelais,[30] le mot argot, qui proprement signifie le jargon des Bohémiens, vient très-vraisemblablement de Ragot par une légère transposition de lettres, et non pas de la ville d'Argos; parce que, dit bonnement Furetière, la plus grande partie de ce langage est composée de mots tirés du Grec. Ce Ragot étoit un bélitre fameux de temps de Louis XII et des premières années du règne de François I. Il y a un in 12 de soixante pages au plus et de vieille impression, traitant des Gueux de l'Hostière, où le nom de Ragot est fort souvent répété. C'est de là, parce que les gueux sont toujours sur le ton plaintif, qu'on a dit ragotter pour grommeler, se plaindre, murmurer.“ Cette explication, qui dérive le mot argot de Ragot, fut adoptée et répétée presque littéralement par Gilles Ménage dans son Dictionnaire étymologique de la langue française.[31] Mais le même Le Duchat se désista bientôt de son opinion pour s'en former cette autre comique: „A Metz les enfants ont entr'eux une espèce de jargon ou d'argot, qui consiste à alonger chaque syllabe de leur discours de deux autres syllabes, dans la première desquelles domine un R et dans l'autre un G. Par exemple, pour dire: Vous êtes un fou: ils diront: Vousdregue esdregue undregue foudregue. Ce pourrait bien être là proprement l'argot, qu'on aurait nommé de la sorte à cause de l'R et du G qui y dominent.“[31] Un autre commentateur de Ménage, Vergy, se fait entendre ainsi:[31] „M. Furetière a cru que le mot d'argot venait de la ville d'Argos, parce que, dit-il,[32] la plus grande partie des termes de ce langage sont tirés du grec,“ et, après avoir cité la première explication proposée par Le Duchat, il ajoute: „Je ne sais, si cette étymologie treuvera beaucoup de partisans. Pour moi, je suis convaincu que le mot argot vient du Grec, et qu'il a été fait d'ἀργός qui signifie un fainéant qui mène une vie oisive qui n'a ni travail ni métier: que de ce mot Grec qui convient si bien à cette sorte de gens, on a appellé

---

[29] Nouveau Dictionnaire français. A Genéve 1710, in 4° Tom. I. pag. 92.

[30] Oeuvres de Rabelais, avec des remarques historiques et critiques de M. Le Duchat. Tom. I, pag. 258 et suiv. Amsterdam. 1741.

[31] Nouvelle édition. Paris 1750 in folio, Tom. I. p. 82 éd par A. - F. Jault.

[32] Nous avons déjà indiqué que Vergy, se reposant probablement sur l'explication de Le Duchat, a imputé cette étymologie à Furetière. Car ce Furetière qui, selon notre opinion à nous, n'est nul autre que Messire Antoine Furetière, l'auteur du Dictionnaire universel de la langue française, au seul lieu où il eût pu nous fournir cette étymologie, c'est-à-dire dans le dit Dictionnaire sous les articles argot ou jargen, du moins dans ces éditions qui sont à notre disposition, celles de l'année 1694 à la Haye et à Rotterdam et de 1727 a Rotterdam, a dit seulement que l'argot est composé pour la plus grande partie des mots tirés du grec.

argot le jargon qu'ils parlent entr'eux: de même que nous disons l'Esclavon, l'Espagnol, pour exprimer la langue que les Esclavons et les Espagnols parlent.“ Au siècle qui court M. de Mésanger, après avoir rejeté les explications des dits auteurs, et sans proférer son explication à lui, s'est contenté de dire: [33]) Feu M. Clavier faisait venir argot du mot latin ergo, fréquemment employé dans l'argumentation, et à peine connu hors des écoles. M. Eloi Johanneau pense que argot vient plutôt d'argutus, rusé, subtil.“ Le grand littérateur Charles Nodier, quoique, à ce qu'il dit lui-même, [34]) il soit d'ailleurs peu porté à chercher des étymologies grecques aux mots qui paraissent anciennement naturalisés dans la langue française, se fait entendre sur le point en question de cette manière [35]) „Argot. Ἀργός, otiosé. Jargon est le même terme à peine modifié. Baragouin est fait de βάω et d'ἀργός. On a dit autrefois narquin, un mendiant; narquois le langage des narquins. La lettre n se rattache souvent aux voyelles initiales; et cette synthèse arrive surtout par son échange contre l'article apostrophé avec lequel elle se confond aisément: l'argot, nargot et narquois. Argot vient peut-être, comme alfana vient d'equus, d'une origine bien plus éloignée, de zingano ou zingaro, bohémien. C'est le langage qu'ils ont eux-mêmes appelé le zergo, contraction de zingaro qui est tout-à-fait dans le goût de l'argot. De zergo nous aurions fait gergon. De-là jargon, argot, et le reste.“ De nos jours, trois hommes bien versés dans la linguistique, ont essayé de résoudre le problème de l'étymologie du mot argot. C'est d'abord M. Victor Cousin, le grand philosophe éclectique, qui a combiné le mot argot avec les mots arguer, argutie, argument, argumenter. [36]) Le second, M. E. Littré, incline à la même opinion. [37]) Enfin M. F. Génin veut qu'argot ne soit autre chose qu'une altération de jargon, altération faite par ceux mêmes qui usaient de l'argot. [38]) D'après notre opinion à nous, M. Francisque Michel, ce grand connaisseur de l'argot, s'est tiré le mieux du monde des embarras étymologiques. Car plus réservé que ses prédécesseurs, il n'a pas tâché d'établir une étymologie certaine. „Pour moi,“ dit-il, [39]) „sans m'en expliquer davantage ici, je m'étonne que Clavier, en bon Helléniste, n'ait point pensé à Argus, symbole d'une vigilance que tous les efforts des malfaiteurs tendent à mettre en défaut.“ Loin de nous déterminer à approuver l'une ou l'autre de toutes ces étymologies, que l'on pourrait augmenter par la dérivation du mot argot de l'art des Goths, [40]) nous nous restreignons à avoir proféré les diverses opinions d'autrui, et nous remettons à chacun le choix de celle qui lui convient le plus. Qu'un autre que nous moissonne des lauriers par la découverte d'une étymologie admissible du mot argot!

---

[33]) Dictionnaire des proverbes français. Seconde édition. A Paris 1821. p. 38 article Argot.

[34]) Examen critique des Dictonnaires de la langue française. Paris 1828. p. 85 article Cagots.

[35]) Au même ouvrage pag. 46 et 47.

[36]) Dans son article sur la Marquise de Sablé, inséré dans la Revue des Deux Mondes. XXIVe Année. Tom. Ve. Paris 1854, 1er mars. pag. 882.

[37]) Dictionnaire de la langue française. T. I. p. 192.

[38]) Récréations philologiques. Paris 1856. Tome II. p. 73.

[39]) Page Ve de l'Introduction de son livre cité dans la note 18 de cet opuscule.

[40]) Voyez le passage tiré de la Responce et Complaincte et cité sur la page 5 de ce livret.

Pour ce qui est du sens du mot argot, les renseignements en sont beaucoup plus faciles à fournir. Le lecteur attentif, d'après l'analyse de l'étymologie, n'aura pas manqué de deviner déjà que l'argot est un certain langage d'une certaine classe d'individus. Ecoutons sur ce fait les divers lexicographes dont les explications descendent plus ou moins dans le détail. Furetière appelle l'argot le jargon des coupeurs de bourse et des Bohémiens. [41] Un peu plus amplement Pierre Richelet „Argot," dit-il, [42] dans la signification qu'on lui donne aujourdui veut dire le langage des gueux et des coupeurs de bourse, qui s'expliquent d'une manière qui n'est intelligible qu'à ceux de leur cabale." Ménage [43] se borne à expliquer argot par jargon des Bohémiens. P.-J. Leroux vous avertit que c'est une espèce de baragouin que parlent à Paris les gueux, les laquais, les polissons, les décrotteurs entr'eux. On appelle ce jargon le langage des gueux, parce qu'il leur est plus commun qu'aux autres. [44] Plus amplement le Dictionnaire du bas-langage explique argot par langage des porte-balles entr'eux et qui se compose en partie de termes burlesques, de néologismes baroques et de mots anciens que l'usage a rejetés; on donne aussi ce nom au patois des vauriens, des filous, qui est inintelligible pour les honnêtes gens. [45] De la Mésanger nous conte succinctement que les mendians et les filous ont un argot, c'est-à-dire un langage qui n'est intelligible que pour eux. [46] A. Caillot explique Argot par espèce de baragouin que parlent à Paris les gueux, les brocanteurs, les filous, les décrotteurs entre eux. [47] Charles Nodier en généralisant dit: [48] L'argot est la langue de ces fainéants de profession que l'oisiveté conduit au crime. Le Dictionnaire de l'Académie française nous donne à entendre que l'argot est un certain langage des gueux et des voleurs, qui n'est intelligible qu'entre eux, et qu'il se dit quelquefois, par l'extension, des mots particuliers qu'adoptent entre eux les gens de certaines professions. [49] Enfin M. E. Littré nous communique que l'argot est un langage particulier aux vagabonds, aux mendiants, aux voleurs, et intelligible pour eux seuls, qu'il est, par extension, une phraséologie particulière, plus ou moins technique, plus ou moins riche, plus ou moins pittoresque, dont se servent entre eux les gens exerçant le même art et la même profession. [50]

Toutes ces explications, plus ou moins détaillées, aboutissent à ce résultat que l'argot est un langage particulier à des gens de bas étage et inintelligible pour ceux qui n'y sont pas initiés, que

---

[41] Dictionnaire universel. A la Haye et à Rotterdam 1694. Tom. I. p. 745. s. Jargon.

[42] Nouveau Dictionnaire français. A Genève 1710. Tom. I p. 92. s. Argot.

[43] Dictionnaire étymologique de la langue française. Edition A.-F. Jault. Paris 1750. Tom. I. p. 82. s. Argot.

[44] Dictionnaire comique, satyrique, critique, burlesque, libre et proverbial. A Pampelune 1786. Tom. I. page 56. s. Argot.

[45] Paris, D'Hautel, F. Schoell, 1808. Tom. I. p. 42. s. Argot.

[46] Dictionnaire des proverbes français. Seconde édition. A Paris 1821. p. 88. s. Argot.

[47] Nouveau dictionnaire proverbial, satyrique et burlesque. Paris 1826. pag. 37. s. Argot.

[48] Examen critique des Dictionnaires de la langue française. Paris 1828. pag. 46.

[49] Tome I. pag 108 de la sixième édition. Paris 1854.

[50] Dictionnaire de la langue française. Paris 1863. Tome I. pag. 192.

ce sont en première ligne les voleurs qui en font usage, mais qu'il y a encore d'autres classes de la société humaine qui s'en servent quelquefois. Ce résultat nous engage à entrer spécialement dans la classification des argotiers, c'est-à-dire des gens qui parlent argot, pour établir d'une manière convaincante la preuve de notre assertion que le langage actuel de Paris n'est autre chose que le pur argot.

Chapitre II.

Sur les diverses espèces de l'argot.

Nous avons déjà indiqué à la fin de l'introduction de cet opuscule que les Français, les Parisiens même se sont aperçus du changement opéré dans le langage français d'aujourd'hui. Écoutons pour preuve surabondante de ce fait un enfant du pavé de Paris et d'une famille où l'on est faubourien de père en fils depuis cinq ou six générations, M. Alfred Delvau. Cet auteur, après nous avoir raconté l'origine de son Dictionnaire de la langue verte, collection de mots morveux que l'auteur s'est plu à colliger pendant sept ou huit ans et à réunir en un corps de livre profère ces paroles mémorables:[51] „En France on parle peut-être français; mais à Paris on parle argot, et un argot qui varie d'un quartier à l'autre, d'une rue à l'autre, d'un étage à l'autre. Autant de professions, autant de jargons différents, incompréhensibles pour les profanes, c'est-à-dire pour les gens qui ne font que traverser Pantin[52] — la capitale des stupéfactions, parce que celle des étrangetés. L'argot des gens de lettres ne ressemble pas plus à celui des ouvriers que celui des artistes ne ressemble à celui des filles, ou celui des bourgeois à celui des faubouriens, ou celui des voyous à celui des académiciens, — car les académiciens aussi parlent argot au lieu de parler français." Rien n'est plus vrai que cette remarque. Témoin pour nous autres Allemands qui n'avons jamais franchi la banlieue de Paris presque tous les romans modernes, les pièces de théâtre, les gazettes de gros calibre, les petits journaux et les ouvrages de M. A. Delvau et de M. L. Larchey. Par rapport à eux on pourrait dire que les paroles susmentionnées de Mlle. Thérésa de l'Alcazar: „Le parisien est une langue à part, une langue de convention qui ne passe pas les fortifications" ne s'éloignent pas trop de la vérité. Et en effet, feuilletez les romans modernes, même ceux qui sont écrits par des académiciens, lisez les pièces de théâtre qui ont la vogue et se sont déjà introduites dans les scènes allemandes, parcourez les feuillets des journaux, vous rencontrerez presque à chaque pas des expressions qui seront de l'hébreu pour vous, au cas que vous ne soyez pas ferrés à glace sur l'argot parisien, car les auteurs français d'aujourd'hui argotent à .

---

[51] Dans la préface de son Dictionnaire de la langue verte, Argots parisiens comparés. IIe édition Paris 1856, page XL et suiv. — Voyez encore la préface de l'ouvrage de M. J. Baumgarten: La France comique et populaire. Stuttgart 1871. Paul Neff, éditeur.

[52] Pour comprendre ce mot, écoutez M. Gérard de Nerval (La Bohême galante pag. 190. Edition Michel Lévy frères, Paris 1857): „Pantin, c'est le Paris obscur, quelques-uns diraient le Paris canaille, mais ce dernier s'appelle en argot, Pantruche." Cette définition est amplifiée et rectifiée par M. Lorédan Larchey, disant dans ses Excentricités du langage, Ve édition, Paris 1865, pag. 233 „Pantin est Paris tout entier, laid ou beau, riche ou obscur. Etymologie incertaine. Peut-être le peuple a-t-il donné à Paris, par un caprice ironique, le nom d'un village de sa banlieue (Pantin)."

qui mieux mieux. Pour preuve il suffira de rappeler à nos lecteurs, parmi les romanciers, les noms d'Amédée Achard, de Théodore de Banville, de Champfleury, de Gustave Droz, d'Alexandre Dumas fils, d'Octave Feuillet de l'Académie française, d'Emile Gaboriau, d'Arsène Houssaye, de Charles Hugo, de Keck-Paul et Henri, de Xavier de Montépin, de Henry Murger, de Jules Noriac, de Ponson du Terrail, de Nestor Roqueplan, d'Aurélien Scholl, d'Edmond Texier et de quantité d'autres romanciers du troisième rang. Quelle fourmilière d'expressions des divers argots parisiens que les romans de ces auteurs! Pour éviter toute diffusion, et pour ne pas passer les limites prescrites à ce livret, nous nous exemptons de citer ici touts les romans de ces écrivains contenant des termes d'argot. Attendez, chers lecteurs, la suite de cet opuscule, vous y en verrez défiler les plus remarquables. Permettez-nous seulement de vous alléguer deux passages de romans, caractéristiques pour l'argot lui-même, l'un où l'auteur, en reproduisant un entretien d'un duc et de son intendant, s'est servi de ces mots: „Ils parlaient argot ... non cet argot puéril qui émaille certains romans sous prétexte de couleur locale, mais l'argot véritable, celui qui a cours dans les repaires de malfaiteurs, langue ignoble et obscène qu'il est impossible de rendre, tant est flottante et diverse la signification des mots, [53]) et cet autre, emprunté à un roman de M. Octave Feuillet de l'Académie française: „C'était leur bonheur et leur gloire de connaître par le menu les moindres détails de la haute vie parisienne, d'en suivre les fêtes, d'en parler l'argot.“ [54]) Quant à la littérature dramatique, les preuves pour l'usage de l'argot dans toutes les classes de la société affluent bien davantage. Pour ne parler ni de vaudevilles éphémères, [55]) ni de mélodrames de peu de considération, [56]) il suffira de renvoyer nos lecteurs aux œuvres dramatiques beaucoup applaudies de M. Victorien Sardou et de M. Emile Augier de l'Académie française, lesquelles sont en vérité une mine féconde des argots parisiens. [57]) Et les gazettes, telles que le Figaro, le Gaulois, le Journal des Débats, ou les petits

---

[53]) Emile Gaboriau: M. Lecoq. Ière partie. L'enquête. Chap. 37, p. 372. Paris 1870. E. Dentu.

[54]) Mr. de Camors. Ière partie. Chap. 1, p. 21. IVe édition. Paris 1867. Michel Lévy frères.

[55]) Voyez entre autres: Deux papas très bien ou la grammaire de Chicard, Comédie-vaudeville en un acte par MM. Labiche et Lefranc, représentée pour la première fois, à Paris, sur le théâtre du Palais-Royal, le 16 novembre 1844. Parue à Paris 1869. N. Tresse. Cette pièce j'oserais presque la nommer une apothéose de l'argot, car son principal personnage, le riche propriétaire Tourterot, met sa gloire à parler le langage des meilleures sociétés . . . . . des fêtes de nuit du boulevard Mont-Parnasse.

[56]) Lisez entre autres le mélodrame de M Marc Fournier, joué, pour la première fois, à Paris, sur le théâtre de la Porte-Saint-Martin le 12 juin 1852 sous le titre des Nuits de la Seine. Dans le prologue intitulé Le professeur de langue verte, un personnage nommé Roncevaux, homme d'une existence équivoque, en face de son épouse séparée, se vante d'avoir été proclamé docteur en langue verte, c'est-à-dire en langue cabalistique du tapis vert. Voyez la scène 8e.

[57]) Pour ne pas avancer ce fait sans preuve, nous renvoyons les lecteurs principalement à La famille Benoiton, comédie de Sardou, représentée pour la première fois, à Paris, sur le théâtre du Vaudeville le 4 novembre 1865, laquelle a fait naître les mots benoitonner, benoitonnerie, benoitonnage (Le Monde illustré 1860, Nro. 560, page 3) pour exprimer et parler argot et agir d'une façon pittoresque comme le font les enfants bien élevés de M. Benoiton dans la dite pièce. Outre cela il y a beaucoup d'argot parlé même par le prince de Monaco et ses ministres dans le Rabagas du même auteur, comédie représentée pour la première fois, à Paris, sur le théâtre du Vaudeville, le 1er février 1872. Même dans les comédies de M. Emile Augier de l'Académie française il y a beaucoup d'argot. Pour passer sous silence: Le Fils de Giboyer et Le Gendre de M. Poirier, voyez surtout Les Effrontés, comédie représentée pour la première fois, à Paris, sur le Théâtre-Français par les Comédiens ordinaires de l'Empereur, le 10 janvier 1861.

journaux, tels que le Petit Journal, la Petite Presse, la Sylphide, le Tintamarre, la Vie parisienne, la Vogue parisienne, tous ces produits de l'esprit français ou gaulois enrichissent par jour la langue française d'expressions vraiment argotiques ou de mots nouveaux populaires qui frisent l'argot. Et eu égard à cette création d'expressions nouvelles un feuilletoniste du Monde illustré, [58]) à l'exception de la justesse de ses derniers mots, a eu toute raison de dire: „Les mots, les expressions et les phrases à Paris sont comme le monde. Chenilles aujourd'hui, papillons demain, ils passent, le troisième jour, à l'état de chrysalides: la primeur, la vogue et l'oubli." Or, toutes ces expressions, toutes ces phrases nées des diverses classes sociales de Paris font leur chemin de rue en rue, d'atelier en atelier, de faubourg en faubourg jusqu'à ce que, glanées par un flâneur littéraire qui, étant aux aguets pour prendre les faits divers destinés à emplir les colonnes d'un journal, fait le boulevard et hante touts les lieux où s'agite le peuple, elles entrent dans un article de journal ou dans le dialogue d'une pièce dramatique quelconque, puis dans un livre et enfin dans la circulation générale. [59]) De là vient cette foule d'argots qui frappent nos regards, argots que M. A. Delvau a jetés pêle-mêle dans son Dictionnaire de la langue verte, et dont nous essaierons une classification certaine, après en avoir donné la simple nomenclature d'après les indications du dit auteur.

Voici le catalogue des argots parisiens par ordre alphabétique:

Argot des abonnés du Siècle, des absintheurs, des académiciens, des acteurs, des acteurs amateurs, des agents de police, des amateurs de tapis vert, des amis du pugilat, des érudits amis de la scatologie, des amoureux, des Anglaises pudiques, [60]) des anglomanes, des apprentis écrivains, des Arthurs, [61]) des artilleurs, des artistes, des aspirants de marine, des assassins, des ateliers, des avocats.

---

[58]) Voyez le nro. 133 de l'année 1859, page 279.

[59]) Pour plus grande confirmation de cette opinion écoutez un Parisien, M. Jules Noriac, qui dit dans une collection de petits écrits, réunis dans un corps de livre et publiés sous le titre: „La vie en détail," à Paris (Michel Lévy frères), Nouvelle édition, 1870, page 212: „Chaque matin, la France voit surgir un nouveau substantif ou un verbe inconnu. Ces mots prennent naissance dans un théâtre, un café, une promenade; huit jours après, ils ont leurs lettres de naturalisation. Dans un temps où l'on calomnie volontiers, cette hypertrophie du langage a reçu des ennemis du progrès le nom d'argot. Banni et conspué pendant un instant, le nouveau français a vécu où et comme il a pu. Mais voici qu'une réaction s'opère en sa faveur; s'il n'est pas complétement réhabilité, il est presque accepté, ce qui revient au même: il est surtout compris, ce qui revient à mieux."

[60]) A cette classe d'argot appartient, selon le dire de M. Delvau (p. 256), l'expression: „inexpressible" pour désigner le pantalon, expression qui est devenue non-seulement celle des gouailleurs parisiens, mais encore celle de bien des Allemands et des Allemandes.

[61]) Cette expression, qui, sans aucun doute, tire son origine du roman d'Eugène Sue: Arthur ou le journal d'un inconnu, roman paru en 1838 et représentant en la personne d'Arthur un caractère byronien qui tient à la fois de Manfred et de Don Juan, demande explication. On appelle aujourd'hui un Arthur un homme à prétentions galantes, à l'ordinaire un vieux boursier qui vient déposer aux pieds des dames à moeurs faciles ses hommages et son carnet (Voyez Henri de Kock: Les femmes de la bourse Tome II., p. 60. Collection Meline. Leipzig, A. Dürr, 1857.) Plus souvent Arthur se dit de ces hommes indélicats qui exploitent les femmes entretenues, c'est-à-dire de tout amant de coeur des Cythères parisiennes (Voyez Henry Murger: Propos de ville et propos de théâtre. Nouvelle édition. Paris, Michel Lévy frères 1870, page 2.).

Argot du bagne, [62]) *des bals masqués [63]), des bastringueuses, des bibliographes, des blanchisseuses, des bohèmes [64]), des bouchers, des gros bouchers, *des bouges [65]), des bouquinistes, des bourgeois, des bourgeois de 1830, des bourgeoises, des boursiers, des boutiquiers, des brasseurs, de Bréda Street [66]), des brelandières de brasseries, des buonapartistes d'autrefois, des bureaucrates.

[62]) Les astérisques indiquent les argots oubliés par M. Delvau et insérés par nous avec certificat d'origine au point que cela a été possible.

[63]) Emile Souvestre: La collaboratrice dans ses Récits et souvenirs, page 116, Paris 1860, Michel Lévy frères.

[64]) Pour ne pas laisser naître dans nos lecteurs l'idée qu'il s'agit de l'argot de ces vagabonds crus originaires de la Bohème qui courent les pays, disant la bonne aventure et dérobant le mieux qu'il est possible, il nous plaît de les informer de la signification du mot bohème par la bouche de M. Charles Hugo. Ce romancier, fils du fameux Victor Hugo, dit dans son roman: La bohème dorée (Paris, Michel Lévy frères, 1859), Tome I., page 188 et suiv.: „Il existe à Paris deux bohèmes: l'une, cette bohème pauvre, pittoresque et vivante qu'on a si curieusement étudiée de nos jours, cette bohème artiste constellée de talents et de trous aux coudes, qui se chauffe au feu sacré, dîne on ne sait où, loge on ne sait où, dont la rue est partout et le numéro à l'hôpital, bohème du Parnasse et du Mont-de-Piété qui cultive les arts et arrose sa montre — quand elle en a une, — qui pétille d'esprit dans sa misère, fait des bons mots avec ses souffrances et des bulles de savons avec sa paille, qui crève de faim et de rire. Celle-là, c'est la bohème crottée. La bohème dorée, quoique moins connue, est aussi ancienne que sa soeur. C'est elle qui rossait le guet sous nos pères; c'est la bohème de la petite maison, du scandale, de l'Oeil-de-Boeuf, de l'épée et de la cape; c'est celle qui, de temps immémorial, séduit les filles, trompe les maris, se coupe la gorge et envoie Dieu au diable, c'est celle qui, par la bouche de Don Juan, invite le commandeur à dîner; c'est celle qui secoue sur le monde la marotte dont les grelots valent vingt francs pièce. Un des traits distinctifs des deux races de bohèmes, c'est la différence de langage. Le bohème crotté a un jargon qui combine celui du titi avec celui de l'artiste. Il est l'inventeur de la scie de l'atelier. Il sacre, il jure, il encanaille sa conversation des mots inintelligibles pour tous autres que les initiés. Son style est un mariage illégitime de la métaphore et de l'argot. Sa phrase est, comme son habit et ses bottes, pittoresquement ponctuée de taches de crotte. Elle ignore le coup de brosse de la grammaire et la bouteille de vernis de l'élégance. Le bohème doré, c'est autre chose. Il ne se départ jamais d'une certaine recherche de langage qui va quelquefois jusqu'à la manière. Entre son langage et l'autre il y a toute la différence de l'esprit crotté à l'esprit poudré. Dorat et Marivaux revient en lui, comme Rabelais et Régnier dans le bohème de l'atelier." — Des renseignements plus intéressants, plus précis nous sont fournis par l'Homère de la vie de bohème, M. Henry Murger. Lisez surtout la préface de son livre: Scènes de la vie de Bohème. Nouvelle édition, Paris 1871 (Michel Lévy frères), où, à la page 12, se trouve un passage remarquable sur le langage de la Bohème, et: La vie de Bohème, comédie en cinq actes par Th. Barrière et H. Murger. Nouv. édit. Paris 1868. — Voyez encore M. Arnould Frémy, qui, dans ses Confessions d'un bohémien, Paris (Librairie nouvelle), 1857, page 2 de la préface dit: „Il n'y a pas seulement dans ce monde les bohémiens d'aventures, de fait et d'action dont on a beaucoup abusé dans les romans, au théâtre et partout; il y a aussi les bohémiens moraux, les aventuriers de l'intelligence, des sentiments et du coeur, qui sont pour le moins aussi intéressants que les autres, et qu'il est temps d'étudier aujourd'hui."

[65]) Henry Murger: Le pays latin, Nouvelle édition, Paris (Michel Lévy frères) 1870, chap. XIII, page 285. Voyez encore Paul de Kock: La grande ville ou Paris il y a 25 ans. Nouvelle édition, Paris 1867 (F. Sartorius), page 142: „Pour comprendre ce qui se dit dans un bouge, il est indispensable de savoir l'argot, c'est la langue familière des habitués."

[66]) Dans la rue Bréda et dans les rues avoisinantes ont établi leur domicile toutes ces dames qui appartiennent à la haute et à la basse loreterie de Paris.

Argot des cabaretiers, *des cabinets particuliers et des tripots [67]), des cabotins [68]), des cafés, des cafés-concerts, des calicots [69]), des canotiers [70]), des carrossiers, des casernes, de la cavalerie, des chanteurs de cafés-concerts, des charbonniers, des charcutiers, des charpentiers, des charretiers, des chasseurs, des chasseurs à pied, des chiffonniers, des cochers, des cochers de fiacre, des cochers de place, des cochers de voitures de place, des coiffeurs, du collége, des collégiens, *des anciens colporteurs [71]), des comédiens, des commerçants, des commis, des commis de nouveautés, des commis-voyageurs, des commissionaires, du compagnonnage, des compositeurs d'imprimerie, des conservateurs, des consommateurs, des cordonniers, des coulisses [72]), des coulissiers [73]), des couturières, des créoles, des critiques d'art.

Argot des débiteurs, des déménageurs, des démocrates avancés, des démocrates de 1848, des domestiques, des dramaturges, des duchesses du faubourg Saint-Germain, de M. Alexandre Dumas fils.

Argot des écoles de natation, des écoliers [74]), des écrivains fantaisistes, des élégants, des élèves de Saumur [75]), des ci-devant émigrés de Coblentz, des employés, des encyclopédistes, des enfants, des ennemis des Hellènes, des escarpes [76]), des escrocs, des étudiants, des étudiants en médecine, des étudiants du temps de Louis Philippe.

Argot des fabricants de jouets, des fantaisistes, des fantassins, des fashionables, des faubouriens, des filles, *des filles de joie [77]), des filles libres, des fils de famille, des filous, des flâneurs, des forçats, des fouriéristes, des francs-maçons [78]), *des fripons [79]).

---

[67]) Emile Gaboriau: La vie infernale. IIe partie. Lia d'Angèles. IIe édition, Paris (E. Dentu) 1870, chap. 12, page 324.

[68]) „Le cabotin, c'est le comédien bohème, le chevalier errant de l'art dramatique, sans talents et sans ressources." Joachim Dufföt: Les secrets des coulisses des théâtres de Paris, Mystères, Moeurs, Usages, Anecdotes. Paris (Michel Lévy frères) 1865, page 47.

[69]) Terme d'argot qui veut dire commis d'un magasin de nouveautés.

[70]) Eugène Briffault: Paris dans l'eau, préface, page 3 de l'édition des Romans du jour illustrés, Paris 1855 (Marescq et Cie., éditeurs): „Les canotiers de la Seine parlent le chien de mer et la bagace d'entre-pont dans toute leur pureté, dans toute leur rudesse; ils y mêlent l'argot de toutes nuances."

[71]) Francisque Michel à la page 283 de son ouvrage cité dans la note 18.

[72]) C'est le seul argot que le Dictionnaire de l'Académie française ait daigné mentionner: pour prendre connaissance de cet argot, l'un des plus vulgarisés, abordez, s'il vous plaît, l'ouvrage de M. Joachim Dufföt, lequel nous venons de mentionner dans la note 68.

[73]) Terme d'argot qui veut dire agents de change sans brevet, ou spéculateurs en actions. Voyez Lorédan Larchey à la page 92 de son livre mentionné dans la note 52 et Henry Kock: Les femmes de la bourse, Tome I. pag. 15 de l'édition alléguée dans la note 61.

[74]) Pour étudier cet argot, qui ressemble, sous beaucoup de rapports, à l'argot moins pittoresque que se sont composé les écoliers allemands, lisez le roman de M. Alphonse Karr: Fort en thème. Leipzig et Bruxelles (Meline, Cans et Cie.) 1845—51.

[75]) C'est à Saumur qu'il y a une école d'équitation pour la cavalerie française. Quant à l'argot qu'on y parle, voyez Emile Gaboriau: Le 13e hussards. Onzième édition. Paris (E. Dentu) sans date.

[76]) „Dans l'argot des voleurs, on appelle escarpes tous ceux qui travaillent à l'abordage sur le grand trimar ou à la piaule, c'est-à-dire qui assassinent sur les grands chemins ou à domicile." Léon Paillet: Voleurs et volés. Paris (Librairie nouvelle) 1855, page 7.

[77]) Francisque Michel, page 358 de son ouvrage cité dans la note 18.

[78]) Charles Nodier: Notions élémentaires de linguistique. Bruxelles et Leipzig 1834, page 61: „La maçonnerie parle une langue métonymique, et remue, sous ses emblêmes arbitraires, une multitude de pensées" et page 248: „Tout se passe chez les francs-maçons entre l'équerre et le compas, qui sont deux admirables figures de l'égalité sousmise à l'ordre. . . . . . Cette méthode d'emblêmes et de parole est

Argot des vieux galantins, des gamins, des gandins [80]), des gantiers, des garçons de café, des gardes de commerce, des gardes nationaux, des gargotiers, *des gens de Bourse [81]), des gens de lettres, des gens de théâtre, des goguettiers, des gouailleurs, des graveurs, des graveurs sur bois, des grecs [82]), des grisettes.

*Argot des habitués de Clichy [83]), des habitués d'estaminet, des habitués de l'Hôtel Drouot, des habitués de l'Hôtel des ventes [84]), des harengères, des honnêtes gens, de lord Pilgrim, alias Arsène Houssaye.

Argot des imprimeurs, des infirmiers, des invalides.

Argot des Jacobins de la première révolution, du Jockey-Club, des joueurs, des joueurs de billard, des joueurs de cartes, des joueurs du demi-monde, des joueurs de dominos, des joueurs d'écarté, des joueurs de jacquet, des joueurs de lansquenet, des joueurs de loto, des joueurs de mistigri [85]), des joueurs de whist, des journalistes, des journalistes de première année, des aspirants-journalistes, des journalistes libéraux, des journalistes libéraux du règne de Louis Philippe, des petits journalistes, des journaux, des petits journaux.

Argot de M. Henri de Kock.

*Argot des laitiers [86]), des libéraux, des libertins, des libraires, des limonadiers, des littérateurs, des lorettes, du carricaturiste Lorenz, des lutteurs français et anglais, des lycéens.

---

si régulière, si conséquente dans toutes les institutions de ce genre qu'il suffit de l'énoncer pour la rendre claire. Si tous les idiomes spéciaux du compagnonnage étaient perdus aujourd'hui, il n'y a pas un profane intelligent qui ne pût les refaire demain. C'est que ce ne sont pas des langues; ce sont des métonymies."

[79]) Albert de Lasalle dans le Monde illustré du 23 octobre 1869 Nro. 654, page 270.

[80]) „Les chevaliers du Pince-Nez sont les mêmes qui se sont appelés depuis trente ans des fashionables, des dandys, des lions, des polkas, et qui pas plus tard qu'hier empruntaient au boulevard de Gand le sobriquet de gandins." Le Monde illustré 1859 Nro. 124 page 143.

[81]) Ernest Feydeau: Le roman d'une jeune mariée. Chap. 29, page 165. Paris 1868 (Librairie nouvelle).

[82]) Terme d'argot des ennemis des Hellènes qui veut dire homme qui triche au jeu, car „les grecs sont des gens adroits qui corrigent par leur habileté les caprices de la fortune" comme l'a dit Alexandre Dumas dans son Olympe de Clèves. Tome III. page 18. Bruxelles 1852 (Meline, Cans et Cie.) Voyez sur les ruses des grecs la page 12 du livre de Léon Paillet cité dans la note 76.

[83]) Francisque Michel, page 8 de son ouvrage cité dans la note 18. Les habitués de Clichy sont les prisonniers pour dettes en cas de récidive. Voyez sur la prison de Clichy L'Histoire physique, civile et morale de Paris depuis les premiers temps historiques par J.-A. Dulaure. Annotée et continuée jusqu'à nos jours par Camille Leynadier. Paris 1853, in 4to (Gabriel Roux) pag. 765 et suiv.

[84]) Ces deux argots séparés, à ce qu'il paraît, selon la diverse dénomination que leur a donnée M. Delvau (pages 11 et 395) ne font en vérité qu'un seul. Car il s'agit de l'Hôtel des ventes mobilières, bâti après 1848 pour les ventes aux enchères et sis rue Drouot Nr. 5, laquelle rue se trouve derrière le Grand Opéra à la proximité du boulevard des Italiens.

[85]) Le mistigri ou en apocope le misti est le valet de trèfle ou aussi un jeu de cartes où l'on a gagné quand „le valet de trèfle se trouve entre deux cartes pareilles et de même couleur comme par exemple entre deux neuf rouges, entre deux as noirs." Paul de Kock: Sanscravate, Tome II, chap. 2, page 37. Bruxelles 1843 (A. Lebègue et Sacre fils).

[86]) C. E. dans le Monde illustré 1870 Nro. 689 du 25 juin, page 414.

Argot des machinistes, des maçons, des malfaiteurs, des maquignons, des marbriers, des marbriers de cimetière, des marchands, des marchands ambulants, *des marchands de billets [87]), des marchands de bric-à-brac [87]), des marchands de chevaux, des marchands forains, des marchands de gibier, des marchands d'habits, des petits marchands, des marchands de vin, des mariniers de la Seine, des marins, des matelots, des mécaniciens, des ménagères, des menuisiers, *de la mer [89]), des Mercadets [90]), des mères, des modèles [91]), des musiciens, des musiciens ambulants, des musiciens de barrières, des musiciens de théâtre.

Argot des nourrices.

Argot des officiers d'artillerie, des officiers d'état-major, des ouvriers, des ouvrières.

Argot des patrons, des paysans, des paysans de la banlieue de Paris, des paysans des environs de Paris, des pêcheurs à la ligne, des peintres, des peintres en bâtiment, des pensionnaires, des grandes personnes, des grandes personnes timides, des petites dames, du peuple, du peuple frondeur, des pharmaciens, des photographes, des Polytechniciens, des Précieuses, des prisons, des prisonniers, des professeurs d'escrime et de boxe.

Argot des rapins [92]), des relieurs, des rémonencqs [93]), des restaurants, des restaurants du boulevard, des restaurateurs [94]), des revendeurs du Temple, des revendeuses du Temple, révolutionnaire, des révolutionnaires de 1792 et 1793, des rôdeurs de nuit, des romantiques, des royalistes, des royalistes de la première révolution.

Argot des Saint-Cyriens, des salles d'armes, des saltimbanques, *des savants [95]), des sculpteurs sur bois, des sociétaires du Théâtre-Français, des soldats [96]), des soldats du train, des sous-officiers,

---

[87]) Albert de Lasalle dans le Monde illustré 1870 Nro. 666 du 15 janvier.

[88]) Notons en passant que dès 1869 le trivial mot de bric-à-brac a été remplacé par le mot aristocratique de haute curiosité. Voyez Le Monde illustré 1869 Nro. 619 page 126.

[89]) Victor Hugo Les travailleurs de la mer. Ie partie, livre II, chap. 3, page 96. Bruxelles 1866. (A. Lacroix, Verboeckhoven et Cie.)

[90]) On appelle Mercadet, d'après le principal personnage d'une comédie de H. de Balzac, représentée pour la première fois, à Paris, sur le théâtre du Gymnase, le 24 août 1851, tout homme négociant qui embrasse cent affaires commerciales sans en réussir une seule, affaires qui, souvent, sont très véreuses et rendent la confiance publique victime de ses entraînements.

[91]) Il va sans dire qu'il s'agit des hommes ou des femmes qui posent dans les ateliers d'artistes.

[92]) Terme d'argot qui veut dire élève en peinture ou mauvais peintre. Voyez Xavier de Montépin: Pivoine. Bruxelles 1849 (A. Lebègue), page 10, et Méry: Une conspiration au Louvre. Bruxelles 1846 (Meline, Cans et Cie.) page 148.

[93]) Ce mot désigne tantôt un auvergnat, tantôt un revendeur. Voyez A. Delvau, page 418 de son livre cité sur la page 5 de cet opuscule.

[94]) Eugène Briffault: Paris à table, chap. XI., page 31 de l'édition des Romans du jour illustrés, Paris 1855 (Marescq et Cie. éditeurs), „Un restaurateur s'est rencontré qui, pour achalander sa carte, avait imaginé de donner à ses plats des noms d'actrices ou ceux des personnages des romans à la mode, le tout saupoudré d'argot."

[95]) Charles Nodier: Examen critique des dictionnaires de la langue française. Paris 1828, page 322.

[96]) Pour connaître quelques échantillons de cet argot consultez outre le roman d'Emile Gaboriau cité dans la note 75, celui de Jules Noriac qui est intitulé: Le 101me régiment, et qui, jusqu'à l'an 1870, hormis les éditions illustrées, a été réédité quarante fois.

des souteneurs de filles [97]), des sportsmen [98]).

Argot des tables d'hôte militaires, des tailleurs, des tambours, des tambours de la garde nationale, *du tapis vert [99]), des tapissiers, des théâtres, de tout le monde, des troupiers, des troupiers d'Afrique, des typographes.

Argot des vagabonds, des vaudevillistes, des vaudevillistes de la Restauration, des vaudevillistes de l'école Scribe, des vidangeurs, des vignerons, des vignerons du Mâconnais [100]), des viveurs, des voleurs, des voleurs du Midi, des voleurs parisiens, des voltairiens, des voyous.

Argot des young gentlemen.

Si l'on fait passer par le tamis ce salmigondis, on aboutit à ce résultat que les deux cent quatre-vingt-quatre argots énumérés peuvent être considérablement rétrécis. Car la plupart d'eux, quoique, d'après la manière de les citer qu' a adopté M. Delvau, ils puissent paraître être différents de nature, ne font effectivement qu'un seul argot, puisqu'ils ne sont désignés que sous différentes dénominations. D'autres ne sont que des subdivisions d'un genre principal et caractéristique. Les lecteurs attentifs ne seront pas sans avoir déjà remarqué d'eux-mêmes ce raccourcissement facile à opérer. Et en effet, on ne portera pas son raisonnement trop loin par l'assertion que les argots énumérés peuvent être réduits au moins d'un tiers.

Pour faire le classement du restant des différents argots on a employé divers procédés. M. J.-B. de Roquefort [101]), par exemple, distingue trois sortes d'argot: l'argot des gueux et des mendiants, celui des voleurs et des filous, et celui des ouvriers. Mais cette distinction a été déjà

[97]) Ces hommes sont flétris par le nom de marlou. Voyez F.-F.-A. Béraud: Les filles publiques de Paris. Paris et Leipzig 1839, Tome II., chap. 9, page 115.

[98]) En 1838 Eugène Sue dans son Arthur (voyez la note 61) écrivit au chapitre XII. (page 26 de l'édition Marescq et Cie., Paris 1854): „A cette heure que le goût des chevaux, des courses, de la chasse et de tous les exercices du corps semble beaucoup s'étendre, le mot sportman ne pourrait-il pas être aussi emprunté à la langue anglaise?" Depuis ce temps, la manie pour les mots anglais concernant les courses des chevaux a beaucoup augmenté, et des mots tels que derby, turf, studbook, handicap, steeple-chase, match etc. se rencontrent sans recherche et viennent de supplanter les français. Et il n'est pas sans raison que M. Amédée Achard, en dépeignant dans son roman Les petits-fils de Lovelace (Bruxelles 1854, Muquardt) Tome II., chap. 15, page 102 une course de chevaux, a dit: „L'argot particulier à ces sortes de fêtes remplaçait le français de tous les jours. Ceux-là employaient davantage qui le comprenaient moins." Voyez encore M. Xavier de Montépin, qui dans son roman La baladine (Bruxelles 1859, A. Lebègue) Tome II., p. 69 dit: „Pour emprunter au langage du turf et du Stud-Book on trouvait en Quirino tous les caractères de la race pur sang."

[99]) Emile Gaboriau: La vie infernale. Ie partie. Pascal et Marguerite. Chap. 3, p. 86. Paris 1870, E. Dentu.

[100]) C'est à cet argot que selon le dire de M. Delvau (page 508 de son livre cité sur la page 5) appartient l'expression de Bismarck pour désigner un bon vin de la récolte de l'année 1866. Voilà la première fois, à ce que nous savons, que son Altesse le prince de Bismarck a été traité par la plèbe française d'une manière honorable, et, à parler franchement, d'une manière plus civile que ne l'ont traité les modistes et les cigariers d'Allemagne, qui, dans leurs argots à eux, ont donné le nom de Bismarck les unes à une méchante couleur jaune-brun, et les autres à une sorte de cigares qui ne sont pas populaires comme le sérénissime chancelier de l'empire allemand, mais populaciers comme ses détracteurs français dont les insultes se trouvent réunies dans les Bismarckiana, c'est-à-dire dans le chap. X, page 51 et suiv. de la brochure: „Littérature française pendant la guerre de 1870—71," citée dans la note 18.

[101]) Nous citons cet auteur et son Supplément au Glossaire de la langue romane, Paris 1820 seulement suivant l'indication de M. Francisque Michel, parce que nous avons en vain cherché ce livre dans les bibliothèques qui ont été à notre disposition, même dans la bibliothèque royale de Berlin.

récensée par M. Francisque Michel, qui, faisant très peu de différence entre les mendiants et les voleurs qui exploitent les grandes villes, et conformément à son but qui est l'explication des argots des voleurs de tous les pays, n'admet qu'un seul argot, celui des voleurs, et, en parlant de celui-ci, ajoute: [102]) „Aux progrès qu'il fait dans la bouche du peuple, et même parmi les gens du monde, je ne désespère pas qu'un jour il n'arrive à remplacer le français, qu'on oublie de plus en plus,“ prophétie qui s'est crânement accomplie.

Il se pourrait que M. Delvau eût mis le doigt sur la difficulté, qu'il eût tranché le nœud gordien d'une division suffisante des divers argots par cette assertion qui, tout en recourant aux argots anglais, s'exprime ainsi:[103]) „Le cant, c'est l'argot particulier; le slang, c'est l'argot général. Les voleurs parlent spécialement le premier; tout le monde à Paris parle le second.“ Mais, comme à l'ordinaire, les apparences sont trompeuses. Car, après mûr examen, il s'ensuit que l'argot particulier, celui des voleurs, a empiété sur l'argot général, celui de tout le monde, de telle sorte qu'il serait bien difficile de démêler l'un d'avec l'autre, et qu'on aurait de la peine à leur assigner des cases séparées. Nous ne balançons pas un seul instant à soutenir que l'argot des voleurs, étant le primitif, a engendré les autres argots, qu'il a été en partie et est encore aujourd'hui, pour ainsi dire, la souche de tous les autres argots, nés quelquefois d'un vrai besoin, mais le plus souvent d'un simple caprice, d'un instinct imitateur. L'acte de la génération a dû se consommer de toute nécessité et sans difficulté aucune dans une ville telle que Paris, où les diverses classes sociales sont confondues comme les petits fragments de diverses couleurs dans un caléidoscope, où le vice tient compagnie à la vertu, où le travail herculéen coudoie la fainéantise silénique, où l'excentricisme exalte tous les esprits. Nous poussons notre raisonnement plus loin encore en avançant qu'à Paris il y a autant d'argots que d'états ou de classes sociales, mais qu'il est bien difficile de fixer le nombre de ces argots, et qu'il est de toute impossibilité de tracer la ligne de démarcation qui sépare les uns des autres.

Pour disserter d'une manière convenable sur ces argots parisiens, il est d'abord de toute nécessité que la question préliminaire roule sur la nature, la substance, la composition, le caractère générique de l'argot des voleurs, lequel nous venons de nommer la souche des autres argots. Cette question vidée, nous allons agiter l'autre plus épineuse sur le caractère spécifique des autres argots parisiens.

------

[102]) Introduction page XII. de son livre cité dans la note 18.
[103]) Page XII. de la préface du livre cité sur la page 5 de ce mémoire.

Avis au lecteur.

L'équité nous oblige à ne pas outre-passer les feuillets de ce programme qui sont mis à notre discrétion. Nous renvoyons donc la publication de la suite de nos recherches à un autre lieu et à un autre temps.

Louis Botzon.

Imprimerie de Trowitzsch et fils, Imprimeurs de la Cour.